El Antiguo Egipto para niños

Una guía fascinante de
la historia egipcia, desde el Período Dinástico
Temprano, pasando por el reino temprano, medio y
tardío, hasta la muerte de Cleopatra

Índice

INTRODUCCIÓN

Con este libro, viajarás al Antiguo Egipto, cuando los reyes eran considerados dioses, los faraones construían altísimas pirámides, se libraban grandes batallas y se formaba el mundo tal y como lo conocemos hoy. Viaja a través del tiempo y haz que la historia cobre vida con datos divertidos, interesantes y actualizados sobre los principales acontecimientos de uno de los períodos más fascinantes. Las emocionantes imágenes y los mapas te ayudarán a imaginarte allí y a convertirte en un experto en poco tiempo.

Explora el Antiguo Egipto a lo largo de sus 3.000 años de historia, desde sus inicios en el Período Dinástico Temprano, hasta la conquista de Alejandro Magno y la muerte de Cleopatra, la infame y última gobernante de Egipto. También descubrirás cómo era la cultura y aprenderás sobre la religión, los derechos funerarios y las momias.

Te sorprenderá saber hasta qué punto el Antiguo Egipto ha configurado el mundo que conocemos hoy.

Capítulo 1: Cómo empezó Egipto: El primer período dinástico

Debido a que ocurrió hace tanto tiempo, los historiadores a menudo no se ponen de acuerdo sobre cuándo comenzó exactamente el Período Dinástico Temprano. Sin embargo, se suele estimar que tuvo lugar entre el 3150 y el 2686 a. C. Este período se define por la combinación del Alto y el Bajo Egipto en una sola civilización. Durante esta época, los gobernantes seguían llamándose reyes, no faraones, como se denominarían posteriormente.

Nos referimos al inicio del Antiguo Egipto como el Período Dinástico Temprano, ya que fue el comienzo de las dinastías gobernantes. La palabra dinastía se utiliza para describir a las familias que estaban en el poder y que transmitían su liderazgo a las nuevas generaciones. Hubo 30 dinastías en el poder durante los 3000 años del Antiguo Egipto. El Período Dinástico Temprano se refiere a las tres primeras dinastías.

La Paleta de Narmer

Durante mucho tiempo se creyó que el rey Menes era el responsable de la unificación pacífica del Alto y el Bajo Egipto que dio lugar al inicio de la civilización del Antiguo Egipto. Sin embargo, el descubrimiento de la Paleta de Narmer sugirió que el gobernante responsable podría haber sido el predecesor de Menes (el gobernante anterior a él), el rey Narmer.

La Paleta de Narmer es un grabado ceremonial que muestra al rey Narmer de la Primera Dinastía uniendo el Alto y el Bajo Egipto. La Paleta es uno de los primeros ejemplos de jeroglíficos encontrados en Egipto y está fechada entre el 3200 y el 3000 a. C. Los jeroglíficos eran el estilo formal de escritura utilizado en el Antiguo Egipto y uno de los usos más antiguos conocidos del lenguaje escrito. Se trata de un sistema de escritura pictórica, lo que significa que no utilizan letras como lo hacemos hoy en el alfabeto español. En su lugar, utilizan imágenes para demostrar su significado. Los jeroglíficos solían utilizarse para representar sonidos o, en ocasiones, objetos.

Sabemos que la paleta de Narmer fue creada con fines ceremoniales y no prácticos porque tiene decoraciones en ambos lados. Las paletas de uso cotidiano solo estaban talladas por un lado.

Un egiptólogo sugirió que podría no estar mal que el rey Menes uniera las dos caras de Egipto. Pero tampoco cree que el rey Narmer no lo hiciera. Por el contrario, piensa que ambas teorías son correctas porque Menes y Narmer podrían ser la misma persona. Cree que Narmer es el verdadero nombre del rey, mientras que Menes es una especie de apodo que significaba «el que aguanta».

Fue también durante esta época cuando nació el concepto de rey-dios. Los egipcios creían que sus gobernantes eran divinos y tenían un vínculo directo

La doble corona de Egipto

para comunicarse con los numerosos dioses que adoraban y tenían poderes especiales propios de los dioses. Esto significaba que los reyes y reinas eran increíblemente poderosos y adorados. Se dice que el rey Narmer era un dios halcón llamado Horus. En sus representaciones, se le suele mostrar con dos coronas porque unificó el Alto y el Bajo Egipto.

El río Nilo conectaba el Alto y el Bajo Egipto; es el río más largo del mundo, que fluye 4.132 millas hacia el norte, en dirección al mar Mediterráneo. Es muy inusual que un río fluya en esta dirección, y esto hizo que el Nilo jugara un papel muy importante en el desarrollo de la primera civilización egipcia. El Nilo se consideraba la fuente de toda la vida y fue fundamental para la creación y el crecimiento de las primeras ciudades egipcias.

El Nilo proporcionaba agua a los egipcios y nubios que vivían más al sur, pero también se utilizaba para transportar cultivos y otros bienes. Los egipcios pudieron construir sus impresionantes monumentos gracias al Nilo, ya que podían importar piedra por el río desde el sur. El río también se desbordaba una vez al año, lo que aportaba limo, una tierra muy fina que era útil para los cultivos. Todos estos atributos hicieron de las orillas del Nilo un lugar muy atractivo para los primeros colonos.

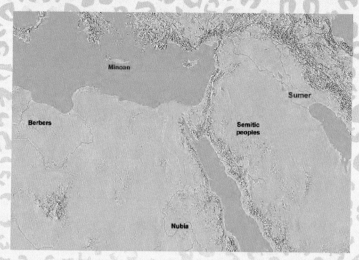

Mapa que representa el río Nilo y los países que rodean Egipto en el Período Dinástico Temprano Crédito: Metagalaxy, Wikimedia Commons https://commons.wikimedia.org/wiki/File:Early_Dynastic_Period_(Egypt).jpg

Durante el Período Dinástico Temprano, la capital de Egipto estaba situada en medio de las dos zonas unidas y era conocida como Menfis. La ciudad de Menfis era famosa por sus impresionantes murallas de piedra blanca.

Otra gran ciudad de la época se llamaba Abidos. Situada al oeste del Nilo, Abidos fue el lugar de las primeras tumbas reales, conocidas como mastabas. Los egipcios creían que cuando el sol se ponía en el oeste sobre el Nilo, caía en el inframundo, un lugar donde vivían los muertos. Las mastabas eran rectangulares, con un techo plano y hechas de ladrillos de barro (o luego de piedra). Alrededor de las tumbas había muchas habitaciones que contenían ofrendas de comida, bebida y otros objetos a los dioses. También había varias tumbas más alrededor de las mastabas. En ellas se encontraban los que se cree que eran los sirvientes del rey, sacrificados para servir a sus amos en la otra vida.

En las tumbas había una estela, una piedra alta y delgada o una losa de madera grabada con el nombre del rey. Los egipcios creían que los nombres eran muy poderosos y que al recordar el nombre de alguien, la persona sobreviviría en la otra vida. Por eso, los faraones construyeron monumentos cada vez más grandes para asegurarse de que la gente no los olvidara.

Nuestro viaje en el tiempo nos lleva a un período conocido como el *Reino Antiguo*, que duró desde el 2575 hasta el 2150 a. C. Durante los 400 años del Reino Antiguo, hubo cuatro dinastías principales (la tercera a la sexta), aunque a veces se incluyen también la séptima y la octava. El Reino Antiguo a veces se denomina también «La Era de las Pirámides», ya que es más conocido por las numerosas e impresionantes pirámides que se construyeron y que aún se mantienen en pie, como las *Pirámides de Guiza*.

Las pirámides de Guiza

Además de ser recordado por sus pirámides, el Reino Antiguo fue también una época en la que el gobierno se hizo más fuerte y organizado. También hubo grandes obras de arte que fueron imitadas durante miles de años después.

El primer rey del Reino Antiguo fue el rey Zoser, que reinó durante casi 30 años. El rey Zoser es más famoso por haber construido la Pirámide escalonada de Saqqara, también conocida como la Pirámide de Zoser. Esta fue la primera pirámide del Antiguo Egipto. En ella se encuentra el lugar de sepultura de la ciudad de Menfis, Saqqara.

Antes de la pirámide de Zoser, las cámaras funerarias eran mastabas rectangulares de techo plano. Su *visir*, el más alto funcionario del Antiguo Egipto, aconsejó al rey Djoser que construyera la pirámide. Su visir y sacerdote, Imhotep, fue uno de los únicos egipcios que no pertenecía a la realeza que se *deificó*, es decir, se convirtió en un dios. Con el tiempo, Imhotep pasó a ser conocido como el dios de la sabiduría, la medicina y, a veces, de la arquitectura. Imhotep revolucionó la construcción en Egipto al construir la tumba de piedra. Antes de esto, todos los edificios estaban hechos de ladrillos de barro. Esta innovación fue copiada por las dinastías posteriores durante miles de años.

La pirámide escalonada de Zoser en Saqqara

La pirámide escalonada se conoce así por su forma única. A diferencia de las pirámides de lados lisos con las que estamos más familiarizados hoy en día, la primera pirámide se elevaba por etapas, con cada nivel de la estructura siendo ligeramente más pequeño que el de abajo —similar a los escalones. Con más de 60 metros de altura, la pirámide escalonada era el monumento más alto de la época.

Se cree que Zoser comenzó a construir una mastaba tradicional con la parte superior plana, pero, por alguna razón desconocida, empezó a añadir más niveles a la parte superior para crear la icónica estructura piramidal.

Dato curioso: aunque solemos asociar las pirámides con el Antiguo Egipto, muchas otras culturas antiguas también crearon sus propias pirámides, como los mayas y los chinos.

El primer rey de la Cuarta Dinastía, el rey Seneferu, se animó a crear sus propias pirámides. Sin embargo, no fue tan sencillo como cabría esperar, y tuvo unos cuantos intentos fallidos antes de conseguirlo. Su primer intento fue *la pirámide de Meidum*. Desgraciadamente, empezó a construirla sobre arena en lugar de roca, por lo que los cimientos no eran lo suficientemente fuertes, y se derrumbó.

Seneferu aprendió de su error y decidió trasladar su obra a otra zona conocida como *Dahshur*. El segundo intento de Seneferu fue mejor que el primero, pero no fue del todo correcto.   Se la conoce como la *Pirámide Doblada*, ya que se eleva en un ángulo de 55 grados antes de doblarse en la parte superior a 43 grados. Así, en lugar de parecer que se eleva gradualmente, se dobla abruptamente en la parte superior. Finalmente, la última pirámide de Seneferu, la *Pirámide Roja*, fue la primera pirámide «verdadera» creada con éxito en Egipto.

La pirámide doblada de Dashur. Crédito: Lexie, Wikimedia Commons

El hijo del rey Seneferu, Keops, heredó el gobierno de Egipto y la pasión de su padre por la construcción de pirámides. El rey Keops construyó quizás la pirámide más famosa de todas, la *Gran Pirámide de Giza*.

La Gran Pirámide fue la primera y mayor pirámide del complejo funerario de Guiza. La enorme pirámide tiene una altura impresionante de 146,7 metros y está formada por aproximadamente 2,3 millones de bloques de piedra. Y lo que es más impresionante, se dice que cada piedra pesa entre 2,5 y 15 toneladas. Cuando uno se da cuenta de que no contaban con ninguna maquinaria moderna —solo con mano de obra y sistemas de cuerdas y poleas— resulta aún más increíble que fueran capaces de crear estructuras tan enormes.

El diseño de la Gran Pirámide era casi perfecto. Todos los lados formaban ángulos exactos de 90 grados y estaban orientados con precisión hacia los cuatro puntos cardinales, los cuatro puntos principales de la brújula: norte, sur, este y oeste. Se cree que los egipcios utilizaron la *astronomía* —el estudio del espacio— para ayudarles a alinear la pirámide con los puntos cardinales.

El rey Keops gobernó durante 23 años y la Gran Pirámide se construyó en ese tiempo. Esto significa que hubo que localizar, trasladar, preparar y colocar 100 mil bloques al año, 285 bloques al día, o un bloque cada dos minutos. Hasta el presente, los estudiosos siguen sin saber exactamente cómo se construyó la pirámide o cuántas personas hicieron falta para construirla. Calculan que pudieron participar entre 20 y 100 mil personas.

La Gran Pirámide de Guiza

La Gran Pirámide de Guiza es la única pirámide egipcia considerada una de las Siete Maravillas del Mundo Antiguo. Sorprendentemente, hasta que se terminó la Torre Eiffel en 1889 en París, la Gran Pirámide era la estructura más alta de la Tierra creada por la mano del hombre. Esto significa que, durante casi 4.400 años, nadie construyó a mano un monumento más grande.

Mientras que su padre era representado a menudo como un gobernante amable, el rey Keops fue representado como un tirano en los escritos de la Antigua Grecia. Decían que podía haber obligado a la gente a trabajar en contra de su voluntad y que era un líder opresivo (injusto en muchos sentidos). Sin embargo, según los textos egipcios, era muy querido.

Esto se debe a que muchos trabajadores agrícolas no podían trabajar durante los dos meses del año en que el Nilo se inundaba. Para mantener a sus familias bien alimentadas, el rey les daba comida a cambio de ayudar a construir su pirámide. Keops también dijo que los agricultores recibirían un trato especial en el más allá por ayudarle en esta vida.

Después del rey Keops, su hijo Dyedefra se convirtió en rey. A diferencia de su padre, el rey Dyedefra no parecía preocupado por las pirámides y estaba más interesado en la religión y la divinidad. El rey Dyedefra fue el primer rey de Egipto que se refirió a sí mismo como el «*Hijo de Ra*», el dios del sol. A diferencia de los anteriores, Dyedefra no decía que era un dios vivo. En cambio, ahora decía que el rey era un hijo del dios en lugar del propio dios. Esta idea continuaría a partir de entonces: ¡tener el poder de interpretar lo que los dioses querían se convirtió en el trabajo de los sacerdotes!

El rey Kefrén, hermanastro de Dyedefra, fue el siguiente en gobernar, y él *sí* compartió la pasión de su antepasado por la construcción de monumentos. No solo construyó la segunda pirámide de Guiza, sino también la *Gran Esfinge*.

La Gran Esfinge de Guiza

La Gran Esfinge se encuentra junto a las Pirámides de Guiza como parte del complejo de tumbas de Kefrén. Aunque no podemos estar seguros, se cree que la Gran Esfinge se construyó para vigilar las tumbas del complejo. Una esfinge es una criatura mítica con cuerpo de león y cabeza de humano. La gigantesca estatua tiene 70 metros de largo y 20 metros de alto, lo que la convierte en una de las mayores estatuas del mundo. A diferencia de las pirámides, la Gran Esfinge fue tallada en una enorme masa de piedra caliza.

En la mitología egipcia, la esfinge es un guía espiritual y suele mostrarse con la cabeza de un hombre que lleva el tocado de un faraón; este es también el caso de la Gran Esfinge. Muchos creen que el rostro de la Gran Esfinge es en realidad el del propio rey Kefrén. Otros piensan que fue construida por Dyedefra y que, en cambio, pretende representar a su padre.

La Gran Esfinge no es la única estatua de una esfinge en Egipto. También hay una avenida de tres kilómetros llamada «Callejón de las Esfinges», que está repleta de estatuas de esfinges y conecta los templos de Lúxor y Karnak.

El Callejón de la Esfinge. Crédito: OmarShawki, Wikimedia Commons

Dato curioso: Las civilizaciones griega y asiática adoptaron la esfinge en los siglos XV y XVI antes de Cristo. Las dos nuevas versiones tenían alas y, en la antigua Grecia, la esfinge también tenía cola de serpiente y devoraba a los viajeros que no podían resolver su enigma.

Después del rey Kefrén, el hijo de Dyedefra, Baefra, ocupó brevemente el trono durante un año antes de que el hijo de Kefrén, Micerino, se hiciera con él. El rey Micerino construyó la tercera y más pequeña pirámide de Giza. Su pirámide, aunque impresionante, no pudo ser tan grande como las otras debido a sus limitados recursos. A diferencia de los anteriores, el rey Micerino tampoco vivió para ver su pirámide terminada, aunque gobernó durante más de 30 años. Esto vuelve a poner de manifiesto lo difícil que era crear los monumentos y una de las razones por las que el Reino Antiguo puede haber colapsado.

Estatua del rey Micerino

Dentro del complejo de tumbas de Micerino en Giza, los arqueólogos descubrieron muchas estatuas. En varias de las estatuas aparecían tres figuras. Estas representaban al rey, a la diosa *Hathor* y a un nomo con forma humana. Un nomo era una zona específica de Egipto, como los condados actuales. Hathor era la diosa del cielo, las mujeres, el amor y la fertilidad. Se incluía en las estatuas porque estaba relacionada con las esposas de los reyes y las representaba.

13

Tras el gobierno de la Cuarta Dinastía, la gloria del Reino Antiguo estaba a punto de llegar a su fin. Hay muchas razones por las que el Reino Antiguo se derrumbó.

El cuarto gobernante de la Sexta Dinastía, el rey Pepy II (también conocido como Neferkara), gobernó durante 90 años, del 2246 al 2152 a. C. Después de él, el gobierno de Egipto se volvió muy inestable. En 20 años (toda la duración de la Séptima y Octava Dinastía), hubo 18 reyes y posiblemente una reina en el poder. Además de esta incertidumbre dentro del reino, se produjeron muchas invasiones extranjeras, guerras civiles y *pestilencias*, es decir, enfermedades y plagas mortales. También hubo sequías, en las que el Nilo no se inundó como de costumbre, lo que provocó *hambrunas* y que la gente muriera de hambre. Todos estos factores condujeron casi con toda seguridad al colapso de la civilización egipcia tal y como se conocía.

Tras el colapso del Reino Antiguo, se produjo el *Período Intermedio*, o «Período Oscuro», que duró unos 125 años. Durante este tiempo, Egipto volvió a estar dividido en dos secciones. La Décima Dinastía gobernó el norte de Egipto y la Undécima Dinastía el sur. El *Reino Medio* comenzó cuando el rey Mentuhotep II del sur de Egipto atacó el norte y reunió el país bajo su dominio.

El rey Mentuhotep II

Durante el reinado de Mentuhotep II, Tebas era la capital de Egipto. La ciudad era muy fuerte tanto en lo religioso como en lo político. Por ello, Mentuhotep II decidió construir allí su tumba. La zona se conoció más tarde como el *Valle de los Reyes*, ya que muchos otros faraones también elegirían ser enterrados allí. Durante sus 51 años como rey, Mentuhotep II reintrodujo la idea de que los gobernantes de Egipto eran dioses, creó un poderoso ejército y reconstruyó un fuerte gobierno central.

El primer rey de la Duodécima Dinastía fue Amenemhat I. El rey Amenemhat no era de sangre real y accedió al trono *usurpando* —tomando— el trono de su amo cuando este actuaba como visir. La undécima dinastía había luchado por controlar el Bajo Egipto desde Tebas, por lo que Amenemhat decidió trasladarse a la frontera entre el Alto y el Bajo Egipto y crear una nueva ciudad. Esta ciudad se llamó *Iti-tawi*, que significa «Amenemhat es el que toma posesión de las dos tierras».

Durante su gobierno, el rey Amenemhat nombró a su primer hijo, Sesostris I, como *corregente*. Esto significaba que compartían el trono como gobernantes conjuntos. Al elegir a su hijo como corregente, Amenemhat esperaba que hubiera una transición más suave del poder una vez que él muriera. Esta práctica continuó hasta el final del Reino Nuevo.

El rey más poderoso del Reino Medio fue el rey Sesostris III, que gobernó desde 1878 hasta 1860 a. C. Su reinado fue tan exitoso que incluso fue deificado en vida, algo que normalmente solo ocurría después de la muerte de un rey.

El rey Sesostris III recibía a menudo el apodo de «rey guerrero» y, como jefe del ejército, se le consideraba *invencible*, imbatible. Amplió las fronteras de Egipto conquistando partes de Nubia. También construyó fortificaciones a lo largo de la frontera que ayudaron a fomentar los acuerdos comerciales. Una nueva expedición a Palestina también aumentó el comercio en esa zona.

El reinado de Sesostris III, el quinto rey de la duodécima dinastía, suele considerarse el punto álgido del Reino Medio. También fue una «edad de oro» para la arquitectura, la ciencia, el arte y la literatura. Sesostris III es más conocido por sus reformas sociales.

Sesostris III

En Egipto, el rey debía mantener el *ma'at* —mantener la paz—, lo que no podía hacerse si una zona era demasiado poderosa. Por ello, Sesostris III redistribuyó el país en tres distritos. Estos eran el Bajo Egipto, el Alto Egipto —incluyendo el sur más allá de Elefantina— y la Nubia del Norte, controlada por los egipcios. Estos nuevos distritos estaban gobernados por un consejo nombrado por el rey, que dependía del visir del rey.

La corona también absorbió el poder de los nomarcas. Los nomarcas eran los jefes a cargo de cada uno de los nomos. Resulta interesante que, aunque el cambio hubiera afectado significativamente a las vidas de las antiguas familias poderosas, no hay pruebas de ninguna resistencia contra el cambio. Las inscripciones en las tumbas de las zonas sugieren que la gente se enorgullecía de sus nuevas posiciones y de su rey. Tal vez esto se debiera a que las familias que antes eran monarcas siguieron ocupando altos cargos, convirtiéndose normalmente en administradores reales.

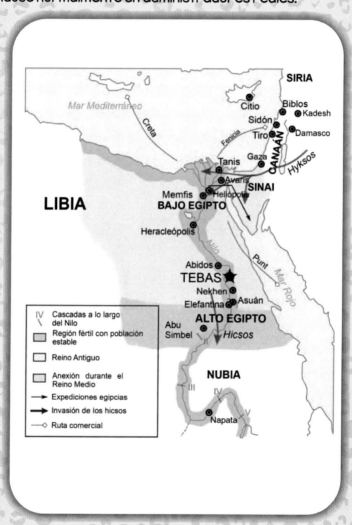

Mapa del Reino Antiguo y Medio
https://commons.wikimedia.org/wiki/File:Ancient_Egypt_old_and_middle_kingdom-en.svg

Después de Sesostris III, su hijo Amenemhat III se convirtió en rey. A diferencia de su padre, Amenemhat III no era un guerrero. Es más conocido por su impresionante templo en *Hawara*, conocido como el *Laberinto*. Un laberinto es una estructura encrucijada con un solo camino correcto. Se cree que el laberinto se construyó para proteger el lugar de descanso final de Amenemhat de los ladrones de tumbas.

El laberinto de Amenemhat puede haber servido de inspiración para las leyendas griegas sobre los laberintos. El laberinto estaba situado junto a una pirámide como parte del complejo funerario. Hasta su descubrimiento, las menciones que se hacían de él en textos y leyendas locales se consideraban mitos. Por eso se le suele llamar «El laberinto perdido de Egipto». El historiador y escritor griego *Heródoto* quedó especialmente fascinado por el laberinto cuando lo visitó 1.300 años después. Afirmó haber contado más de 3.000 habitaciones en el complejo. Heródoto quedó tan impresionado que dijo que era incluso mejor que «todas las demás producciones humanas», incluidas las pirámides. Lamentablemente, el laberinto terminó en ruinas y hoy no queda nada sustancial de él.

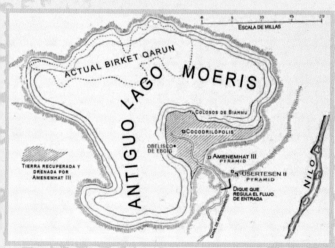

El lago Moeris

El rey Amenemhat III también es conocido por la creación del *lago Moeris*. El lago se hizo ampliando los canales y cuencas existentes que unían el río Nilo con el lago. Su objetivo principal era controlar las inundaciones del Nilo, regular el nivel de agua del río y proporcionar *riego* (un suministro controlado de agua) a las zonas circundantes. Al tratarse de un lago de agua dulce, también se utilizaba como reserva de agua conocida como *embalse*.

18

Se han encontrado unas 80 estatuas del rey Amenemhat III, solo otro rey del Reino Medio tiene tantas. La mayoría de ellas tienen el popular estilo de «estatua en bloque», que se tallaba en una sola pieza de roca. Este estilo siguió siendo popular en el arte egipcio durante 2.000 años.

Estatua del rey Amenemhat III

El Reino Medio terminó durante la Decimocuarta Dinastía cuando los invasores extranjeros, conocidos como los hicsos, conquistaron Egipto. Los hicsos procedían de una zona conocida como el *Levante*, en el oeste de Asia, y se convirtieron en la decimoquinta dinastía, enviando a Egipto al *Segundo Período Intermedio*. Mientras los hicsos estuvieron en el poder, volvieron a trasladar la capital, esta vez a *Avaris*.

Egipto a principios del periodo hicso (c. 1650 - 1580 a. C.)

Los hicsos no controlaban todo Egipto. En cambio, gobernaron parte de él mientras las dinastías XVI y XVII tenían su sede en Tebas. Hasta hace poco, se creía que los hicsos habían invadido y tomado Egipto por la fuerza. Sin embargo, el descubrimiento de una imagen en la tumba del rey Jnumhotep II ha llevado a los historiadores a creer que no fue así.

El rey Jnumhotep II estaba en el poder *antes* de la «invasión» de los hicsos, sin embargo, en su tumba, una imagen muestra claramente a los *levantinos* llevando ofrendas a los muertos. Sobre la imagen aparecen las palabras «Hicsos» en jeroglífico.

Egipto durante el gobierno de los hicsos
https://commons.wikimedia.org/wiki/File:Egypt_Hyksos_Period.png Crédito: Iry-Hor. Wikimedia Commons

Pintura encontrada en la tumba del rey Jnumhotep II

Jeroglíficos que dicen «Abisha los hicsos» encontrados en la tumba del rey Jnumhotep II

El descubrimiento de esta pintura significa que la teoría anterior de que los hicsos eran invasores que se apoderaron de Egipto por la fuerza, puede no ser cierta. En cambio, es más probable que fueran una nueva élite que surgió de los muchos inmigrantes que ya vivían en la zona.

La llegada de los hicsos no habría sido vista como una amenaza por los egipcios. No solo porque ahora se piensa que fue gradual, sino también porque durante los últimos 2.000 años habían vivido sin mucha interacción con culturas fuera de sus fronteras. La idea de que invasores extranjeros se apoderaran de ellos habría sido impensable para ellos y, por lo tanto, sus fronteras no estaban vigiladas por muchos soldados. Así que, durante décadas, el pueblo hicsos se adentró en Egipto antes de acabar tomando el control del Alto Egipto.

En los escritos egipcios posteriores, durante el Reino Nuevo, los hicsos serían mostrados como invasores brutales que destruyeron la tierra. Sin embargo, los historiadores modernos no creen que esto sea correcto. Piensan que los hicsos trataron de encajar en la cultura egipcia y solo hicieron algunos pequeños cambios.

Uno de estos cambios fue la introducción de nuevos dioses. Los dos principales dioses que adoraban los hicsos eran *Baal* y *Anat*. Baal era el dios de la vida y la fertilidad, y Anat era su hermana y la diosa del amor y la guerra. Además de adorar a sus propios dioses, existen pruebas de que también adoraban a los dioses egipcios existentes.

Los hicsos introdujeron en la zona nuevos tipos de cerámica, estatuas y animales. También introdujeron nuevas armas, como arcos y flechas, hachas de combate y carros.

Durante muchos años, los gobernantes hicsos convivieron pacíficamente con los gobernantes de Tebas. Los tebanos podían comprar y vender con el norte, y los hicsos pasaban por Tebas para comerciar con los nubios del sur. Todo esto terminó cuando el rey hicso de Avaris insultó al rey de Tebas pidiéndole que se deshiciera de una piscina de hipopótamos. Los hicsos consideraron ofensiva la práctica tebana de cazar hipopótamos, ya que estos eran sagrados para los hicsos como parte de su culto al dios *Set*. El rey Ta'O de Tebas vio esto como un desafío a su autoridad y atacó la ciudad de Avaris. Ta'O fue asesinado durante esta batalla, y sus hijos Kamose y Amosis tomaron el relevo. Ambos hermanos continuaron lanzando ataques contra Avaris durante sus gobiernos.

Finalmente fue el rey Amosis de la XVIII Dinastía quien expulsó a los hicsos. También desarrolló un ejército profesional para conquistar más tierras e intentar que Egipto fuera tan fuerte que ningún gobernante extranjero pudiera volver a hacerse con él. *Los escribas* del Reino Nuevo —escritores— representaron a los hicsos como villanos para justificar las guerras. Irónicamente, sin las invenciones de los hicsos del arco y el carro tirado por caballos, no habrían tenido el mismo éxito en sus conquistas.

El período más glorioso y bien documentado del Antiguo Egipto es el *Reino Nuevo* (1550 a 1069 a. C.). Las dinastías XVIII, XIX y XX fueron las que gobernaron en esta época. Fue durante este período cuando se empezó a utilizar la palabra *faraón* en lugar de rey. El término *faraón* significa «Gran Casa». A partir de este pequeño cambio de palabras, podemos decir que el Nuevo Reino ha cambiado nuestra concepción moderna del Antiguo Egipto. Lo más habitual es que nos refiramos a los gobernantes egipcios como faraones y no como reyes, ¡aunque primero se les conoció como *reyes* durante miles de años!

El primer faraón del Nuevo Reino fue Amosis. El faraón Amosis solo tenía diez años cuando se convirtió en gobernante y, sin embargo, era un rey guerrero muy inteligente. Reforzó las fronteras de Egipto y creó zonas de contención para proteger a Egipto de los invasores extranjeros.

La faraona Hatshepsut fue una de las gobernantes más exitosas del Reino Nuevo y la primera mujer líder famosa de Egipto: construyó más cosas (estructuras) que cualquier otro gobernante, excepto Ramsés el Grande. Tenía tantos monumentos impresionantes que los faraones posteriores los reclamaban como propios. Pudieron hacerlo porque, alrededor de 1458 a. C., su nombre fue eliminado de ellos. Se cree que su nombre fue eliminado por Tutmosis III, que quería eliminar todo rastro de una gobernante femenina para mantener los roles tradicionales de género.

También fue Tutmosis III quien creó el *Imperio egipcio*. En 20 años, dirigió 17 misiones diferentes para expandir el poder de Egipto de norte a sur (de Siria a Sudán) y de este a oeste (de Jordania a Libia).

El Imperio egipcio en el siglo XV a. C.

Mar Negro

IMPERIO HITITA

Sardes

Micenas

CILICIA

ASIRIA

Carchemish

Ninive

Assur

MESOPOTAM

SIRIA

Citio

Mar Mediterráneo

Biblos

Kadesh

Sidón

Damasco

Tiro

Babilonia

Nippur

CANAAN

Gaza

Ur

Tanis

Avaris

SINAI

Memfis

Heliópolis

LIBYA

Nilo

ARABIA

Heracleópolis

IMPERIO

Abidos

TEBAS

Asuán

Mar Rojo

Elefantina

Abu Simbel

EGIPCIO

KUSH

III

IV

V

Napata

VI

PUNT

(bajo influencia egipcia)

Mapa de Egipto durante el Nuevo Reino
https://commons.wikimedia.org/wiki/File:Egypt_NK_edit.svg
Crédito: Andrei Nacu and Jeff Dahl, Wikimedia Commons

De sus 17 exitosas campañas militares, la primera es quizás la más famosa. *La batalla de Meguido* fue registrada en detalle por el escriba y general de Tutmosis III, Tjaneni. En un extracto del relato, Tjaneni describe cómo el faraón decidió que marcharían por el estrecho camino de *Aruna* en fila india (una línea de soldados, con una persona detrás de otra) en lugar de tomar las rutas más fáciles y amplias. Sus consejeros estaban en contra, pero él no se dejó convencer. Su decisión contribuyó a dar a su ejército la ventaja crucial del elemento sorpresa. El enemigo no esperaba que tomara este camino más difícil, por lo que solo vigilaba los otros dos caminos. Tras su victoria de aquel día, Tutmosis III asedió (atacó) la ciudad durante siete meses hasta que finalmente se rindió.

En Meguido, también introdujo una nueva política en la que capturó a los hijos nobles de los reyes derrotados y los llevó de vuelta a Egipto para que fueran criados como egipcios. Mantener a los niños como rehenes garantizaba el buen comportamiento de sus padres. Los niños de la realeza eran tratados muy bien y crecían para apoyar la cultura egipcia. Cuando llegaban a la edad adulta, podían regresar a su país, donde, a menudo, se convertían en aliados de Egipto una vez que ocupaban posiciones de poder.

Busto de Tutmosis III

Otro faraón importante del Reino Nuevo es Akenatón, también conocido como «el rey *hereje*» por los enormes cambios religiosos que introdujo. Su principal legado fue la introducción del *monoteísmo*. El monoteísmo es la idea de que solo hay UN dios. Antes, los egipcios eran *politeístas* y adoraban a múltiples dioses. Bajo Akenatón, el *culto a Atón* era la única religión permitida. Se cerraron todos los templos de dioses diferentes y se prohibió adorar a cualquier otro dios que no fuera *Atón*. Atón es el dios del disco solar y originalmente formaba parte del dios del sol, Ra.

Akenatón trasladó la capital (que antes se llamaba *Tebas*) y le puso su nombre: Akenatón. Ahora la llamamos Amarna, y este período de gobierno también se denomina *Período de Amarna*. Se cree que las ideas religiosas de Akenatón son el primer ejemplo de monoteísmo en el mundo.

Busto de Akenatón. Crédito: Gérard Ducher, Wikimedia Commons
https://commons.wikimedia.org/wiki/File:GD-EG-Caire-Mus%C3%A9e061.JPG

La esposa de Akenatón, Nefertiti, es aún más famosa que él debido a un busto suyo bien conservado que se descubrió en 1912. Nefertiti significa «la bella ha venido», y podría ser esta belleza la que cautivó a la gente, lo suficiente como para crear esta media estatua. Hoy en día, aunque no se conozca su nombre, es posible que se reconozca la famosa estatua. En todo el mundo se han recreado carteles y figuras del icónico busto.

La esposa de Akenatón no es el único miembro de la familia más famoso que él. Su hijo, Tutankamón, que tomó el relevo como faraón a su muerte, es uno de los faraones más famosos de todos. Una vez en el poder, Tutankamón deshizo todas las reformas religiosas de su padre. Decidió trasladar el centro espiritual a Tebas e hizo de Menfis la nueva capital. También recuperó la antigua religión y reabrió los templos. Tutankamón gobernó durante diez años, desde los 9 hasta su muerte a los 19 años. Sin embargo, es más conocido por su impresionante tumba.

Busto de Nefertiti. Crédito: Philip Pikart. Wikimedia Commons

La tumba de Tutankamón fue descubierta en 1922 por un arqueólogo británico, Howard Carter. Antes de su descubrimiento, Tutankamón era un gran desconocido. Cuando se encontró, la tumba estaba todavía sellada y había permanecido intacta durante más de 3.200 años.

La tumba de Tutankamón es la única cámara funeraria del Valle de los Reyes que se encontró intacta. El gran número de artefactos de la tumba reveló mucho sobre la vida egipcia, y la tumba se considera uno de los descubrimientos arqueológicos más importantes hasta la fecha. Cuando Carter entró por primera vez en la cámara, su colega le preguntó si podía ver algo; su famosa respuesta fue: «sí, cosas maravillosas». A pesar de que la tumba era una de las más pequeñas del Valle de los Reyes, ¡se encontraron alrededor de 5.000 artefactos en su interior! Además de las estatuas, los tipos de objetos encontrados eran todas las cosas que el faraón habría utilizado en su vida diaria, incluyendo ropa, juguetes, joyas, muebles, vasijas y armas.

Dato curioso: ¡Se necesitaron 17 años para revisar y *catalogar* (escribir) todos los objetos encontrados en la tumba!

Máscara de Tutankamón

Quizás el artefacto más conocido que se encontró en la tumba es la máscara azul y dorada de Tutankamón. La máscara se conserva ahora en el Museo Egipcio de El Cairo (Egipto).

Dentro de la tumba también estaba la momia de Tutankamón. Debido a la forma en que los egipcios enterraban a la gente (más sobre esto en el capítulo 8), la momia estaba muy bien conservada. Se ha descubierto mucha información sobre Tutankamón gracias a la tecnología moderna. Gracias a ello, podemos adivinar por qué Tutankamón murió tan joven.

En primer lugar, estaba lisiado con una enfermedad ósea en el pie izquierdo y tenía una infección en la pierna izquierda rota. Sabemos que debió de padecerla durante un tiempo, ya que en muchas imágenes en las que se le ve realizando actividades físicas, aparece sentado. El ADN de su momia también reveló que había sufrido múltiples infecciones de malaria, lo que puede haber contribuido a su muerte.

El último faraón más conocido del Reino Nuevo es Ramsés II, también conocido como Ramsés el Grande. Ramsés II fue el tercer faraón de la XIX Dinastía, y a menudo se le considera el faraón más poderoso del Reino Nuevo.

Ramsés II vivió hasta los 96 años. Tuvo más de 200 esposas, 96 hijos y 60 hijas. Gobernó durante tanto tiempo que todos sus súbditos no habían conocido a otro faraón, por lo que cundió el pánico de que el mundo se acabaría cuando él muriera. Prácticamente no hay ningún monumento en Egipto que no lo mencione. A menudo se ha asociado a Ramsés II con el faraón del Libro del Éxodo de la Biblia, pero ninguna prueba histórica apoya esta teoría.

Ramsés el Grande fue un gran guerrero. Durante su reinado, Ramsés II expandió aún más el imperio de Egipto. En una famosa batalla llamada la *batalla de Qadesh*, luchó contra los *hititas*, y ambos bandos afirmaron haber ganado. Los hititas vivían en *Anatolia*, la actual Turquía, y se les menciona a menudo en el Antiguo Testamento como enemigos de los israelitas. Qadesh había pertenecido a Egipto, pero estaba ocupada por los hititas. Ramsés quería reclamar Qadesh, ya que así expandiría el Imperio egipcio y tendría acceso a un nuevo punto de comercio.

Ramsés II dirigió su ejército para reconquistar Qadesh, pero los espías le hicieron creer que los hititas estaban lejos. Los hititas atacaron y casi ganaron antes de que los refuerzos egipcios llegaran justo a tiempo. Sus tropas se retiraron de Qadesh, habiendo ganado la batalla, pero no la guerra. Una vez de vuelta en Egipto, Ramsés contó una historia diferente.

Encargó murales en los que aparecía él solo derrotando a los hititas. En realidad, tuvo que pasar años negociando un tratado de paz con los hititas. El acuerdo de paz fue el primer tratado de paz del que se tiene constancia. Una réplica del tratado está expuesta en la sede de las Naciones Unidas en Nueva York.

Ramsés II era tan popular que los nueve faraones siguientes recibieron su nombre. Por desgracia, el poder de Egipto empezó a debilitarse con cada nuevo faraón. Ramsés III tuvo que librar muchas batallas, y también hubo una grave sequía y hambruna durante su reinado, lo que provocó mucho malestar entre el pueblo egipcio. El último faraón del Reino Medio fue Ramsés XI. Después de él, Egipto volvió a dividirse y comenzó el *Tercer Período Intermedio.*

Ramsés II. Crédito: Mary Harrsch, Wikimedia Commons

Durante el *Tercer Período Intermedio*, Egipto pasó a formar parte brevemente del *Imperio neoasirio* desde el 670 al 653 a. C. Asiria era un reino *mesopotámico* que se encontraba en los alrededores del actual Oriente Medio.

THE CAPTURE OF MEMPHIS BY THE ASSYRIANS.

La captura de Menfis por los asirios. Crédito: Patrick Gray, Wikimedia Commons https://commons.wikimedia.org/wiki/File:Egypt_-_Capture_of_Memphis_by_the_Assyrians.png

El rey asirio, Asarhaddón, quería conquistar Egipto, ya que había estado causando problemas y fomentando revoluciones en Asiria. En el año 673 a. C., Asarhaddón marchó con su ejército a toda velocidad hacia Egipto. Sin embargo, esto resultó ser un error, ya que su ejército estaba agotado cuando llegó a la ciudad de *Ashkelon*, y los egipcios los derrotaron fácilmente.

Tras varios años de lucha, los asirios conquistaron finalmente Egipto en el 671 a. C. Habiendo aprendido de su error en el 673, Asarhaddón decidió tomarse su tiempo y marchó con un ejército más grande y más lentamente hacia Egipto. Luego dirigió un exitoso ataque a la ciudad egipcia de Menfis. El faraón Tirhacá consiguió escapar al Bajo Egipto, pero su familia no tuvo la misma suerte y fue capturada y enviada a Asiria como rehén.

Los asirios pudieron conquistar Egipto con éxito (y muchos otros territorios) porque tenían armas superiores. Fueron el primer ejército que utilizó armas de hierro, lo que les dio una gran ventaja. Los asirios eran muy despiadados y a menudo se les menciona en la Biblia como enemigos de los israelitas.

El dominio asirio de Egipto no duró mucho. Durante el gobierno del rey Asurbanipal, el último de los grandes reyes de Asiria, el faraón Psamético I lideró una revuelta para expulsar a los asirios. Esto dio inicio a la 26 Dinastía, también conocida como el *Período Saite* (llamado así por la ciudad capital, *Sais.*) Esta fue la última dinastía nativa que gobernó Egipto antes de la conquista persa.

Dibujo egipcio de un asirio (izquierda) y un egipcio (derecha)
Crédito: Emerarudo, Wikimedia Commons
https://commons.wikimedia.org/wiki/File:From_right_to_left_an_Egyptian,_an_Assyrian,_a_Nubian,_and_Libyans.jpg

Persia estaba situada alrededor del actual Irán. *El Imperio aqueménida*, también conocido como *Imperio persa*, se extendió desde el año 550 hasta el 330 a. C. El Imperio persa fue fundado por Ciro el Grande y fue uno de los mayores imperios de la historia. Abarcó zonas de la actual Europa, Turquía, Egipto, India y Asia Central. Como su imperio era tan grande, los persas eran razonablemente tolerantes con otras culturas y religiones. Los propios persas solo creían en un dios, *Zoroastro*.

Egipto pasó a formar parte del Imperio persa en el año 525 a. C., cuando perdieron la *batalla de Pelusio*. Se dice que la conquista persa de Egipto comenzó cuando el faraón Amosis II rompió su promesa al rey persa Cambises II. Amosis II había acordado permitir que Cambises II se casara con su hija. En su lugar, envió a la hija del anterior faraón, Apries. Esto enfureció tanto a Cambises II que incluso cuando Amosis II murió, y su hijo Psamético III tomó el mando, Cambises II siguió invadiendo Egipto.

Psamético III probablemente perdió la batalla debido a su falta de aliados. Cuando envió a su almirante, Udjahorresnet, para rechazar al ejército que se acercaba, Udjahorresnet le traicionó y cambió de bando. Del mismo modo, el líder griego, Polícrates de *Samos*, prometió a Psamético soldados, pero en su lugar los envió a Cambises II.

Encuentro entre Cambises II y Psamético III en Pelusio

Tras la exitosa batalla de Pelusio, Cambises II conquistó Menfis y el resto de Egipto. En el año 525 a. C., era oficialmente el primer gobernante de la 27 Dinastía. Una vez coronado faraón, adoptó un nombre egipcio y participó en las ceremonias egipcias. El almirante Udjahorresnet fue recompensado por traicionar a Psamético III y recibió el nuevo título de consejero principal y médico del nuevo faraón.

Después de Cambises II, Darío I se convirtió en el nuevo líder del Imperio persa. Darío introdujo un nuevo gobierno para ayudarle a controlar el imperio. El gobierno estaba formado por 20 áreas diferentes conocidas como *satrapías*. Las satrapías estaban dirigidas por un sátrapa que mantenía la ley y el orden, y recaudaba los impuestos. Cada satrapía tenía también un comandante militar.

Egipto permaneció bajo control persa durante 100 años. Sin embargo, a menudo se producían rebeliones lideradas por los egipcios.

La 28 dinastía tuvo un solo faraón y duró solo seis años, del 404 al 398 a. C. El faraón Amirteo consiguió liderar una exitosa rebelión contra el gobernante persa, pero no pudo mantenerse en el poder durante mucho tiempo. Amirteo fue derrotado en la batalla por Neferites I, que fundó la 29 Dinastía. La 29 dinastía también tuvo una vida corta y terminó en el 380 a. C. cuando Nectanebo I tomó el control. La 30 dinastía tuvo que defenderse constantemente de los ataques persas y, en el 343 a. C., los persas reconquistaron Egipto. Desde entonces, Egipto permaneció bajo control extranjero.

El Imperio persa se vio condenado cuando intentaron expandir su imperio aún más al apoderarse de Grecia. Los griegos no fueron derrotados fácilmente, y esto condujo finalmente al fin del Imperio persa.

Egipto (en púrpura) en el siglo VI
https://commons.wikimedia.org/wiki/File:Median_Empire-en.svg

Gracias a Alejandro III de Macedonia, Grecia, cayó finalmente el Imperio persa, más conocido como Alejandro Magno. Alejandro Magno conquistó a los persas, apoderándose de su imperio. El pueblo egipcio se alegró de ello y dio la bienvenida a este nuevo gobernante en lugar de los persas.

Al igual que los faraones egipcios anteriores, se creía que Alejandro Magno era descendiente de los dioses. Se decía que era hijo del dios griego *Zeus*.

Estatua de Alejandro Magno

Durante su estancia en Egipto, Alejandro III decidió visitar y consultar al *Oráculo de Siwa*. (Un oráculo era una persona a la que los dioses hablaban directamente. A menudo predecían el futuro y eran considerados muy sabios). Este oráculo se encontraba en el oasis de Siwa, al oeste de Menfis, y estaba vinculado al dios egipcio *Amón*. Los griegos identificaban a este dios con Zeus. Al visitar el oráculo, Alejandro Magno fue nombrado hijo de Amón-Zeus.

Durante su estancia en Egipto, Alejandro III también fundó una nueva capital: *Alejandría*. El infame conquistador no era de los que se quedaban en un solo lugar, y pronto abandonó Egipto para seguir expandiendo su imperio.

A la muerte de Alejandro Magno, su reino se dividió entre sus generales. Ptolomeo se convirtió en el primer gobernante de la dinastía ptolemaica, que duró casi tres siglos antes de caer en manos de los romanos en el año 30 a. C. A diferencia de los anteriores gobernantes extranjeros, la dinastía ptolemaica no adoptó la cultura egipcia. En su lugar, permanecieron en Alejandría y la dirigieron como una ciudad griega. La dinastía ptolemaica no permitía los matrimonios reales fuera de la familia; ¡los hermanos se casaban con sus hermanas y los tíos con sus sobrinas!

El período comprendido entre la muerte de Alejandro Magno y el inicio del Imperio romano también se conoce como el *Período Helenístico*. Aunque el resto de Egipto no se considere helenístico, Alejandría estaba fuertemente influenciada por la cultura griega.

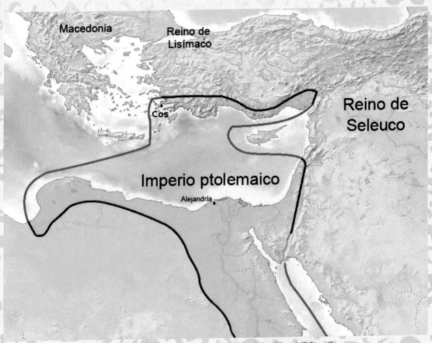

Mapa del Imperio ptolemaico. Crédito: Eubulides, Wikimedia Commonshttps://commons.wikimedia.org/wiki/File:Ptolemaic-Empire-300BC.png

Durante esta época, Alejandría se convirtió en una de las ciudades más importantes del Mediterráneo. Su ubicación era ideal para actuar como puerto comercial entre Europa, África y Asia. Por ello, se construyó el famoso *Faro de Alejandría* para evitar que los barcos que llegaban se estrellaran en la costa. El faro estaba situado en una pequeña isla, Faros, frente a la ciudad y era una de las Siete Maravillas del Mundo Antiguo.

El faro de Alejandría

El faro sufrió graves daños a causa de los terremotos que se produjeron entre 956 y 1323 d. C. y quedó en ruinas. Hoy en día, las ruinas están bajo el agua y solo se pueden ver buceando.

Alejandría también es recordada por su literatura. Albergaba la mayor biblioteca del mundo, *la Biblioteca de Alejandría*, que contaba con unos 50.000 libros. La biblioteca formaba parte del *Museion*, dedicado a las nueve diosas griegas de las artes, las *Musas*. El Museion, «instituto de las Musas», albergaba también la Academia de Platón, donde se estudiaban las obras del filósofo griego Platón.

El Museion era como una universidad moderna. Algunos de los mejores eruditos del Período Helenístico eligieron vivir y estudiar en Alejandría, lo que contribuyó a mejorar su imagen de centro literario. En el Museion vivían más de 1.000 estudiantes a la vez. Los eruditos y los miembros del personal recibían un salario y no tenían que pagar impuestos. Además, disponían de comida, alojamiento y sirvientes. Esto hacía que estudiar en el Museion fuera increíblemente atractivo y que muchas de las mentes más brillantes vivieran allí.

Además de estudiar la literatura griega, tradujeron libros de otras lenguas, como la *asiria*, la persa, la india y la *hebrea* – judía. También realizaban experimentos e investigaciones científicas. Tenían salas dedicadas al estudio de la *anatomía* (el cuerpo humano) y la astronomía.

Dato curioso: También se cree que la palabra *Museion* es la forma más antigua de la palabra moderna museo. Pero... ¡seguro que ya lo adivinaste!

La Biblioteca de Alejandría

La otra faraona muy famosa de esta época es Cleopatra VII. A menudo se piensa erróneamente que Cleopatra era egipcia. Si bien es cierto que era la faraona de Egipto, formaba parte de la dinastía ptolemaica; era griega y vivía en Alejandría, al igual que sus predecesores. Cleopatra VII fue la última faraona de Egipto antes de que cayera en manos de los romanos. A menudo se la recuerda por su seducción de dos hombres poderosos (su belleza hizo que se enamoraran de ella) más que por sus logros como faraona.

Cleopatra VII nació en el año 69 a. C. y se convirtió en reina con solo 18 años. La tradición egipcia decía que una mujer no podía gobernar sin un hombre, así que se casó con su hermano de 12 años, Ptolomeo XIII. En realidad, Cleopatra gobernó sola sin la ayuda de su hermano. A diferencia de los anteriores gobernantes griegos de Egipto, que no se molestaron en aprender a hablar egipcio, Cleopatra lo dominaba. También conocía el griego y algunas otras lenguas. Esto la ayudó a establecer buenas relaciones con otros países. Cleopatra trató de abrazar la cultura egipcia y mantener a su pueblo contento adoptando la idea de *ma'at*.

Cleopatra no era muy popular entre sus consejeros reales porque a menudo no escuchaba sus consejos. Finalmente la derrocaron y colocaron a su hermano/esposo, Ptolomeo XIII, en el trono; pensaron que sería más fácil de controlar. Cleopatra se vio obligada a exiliarse hasta que Julio César llegó a Egipto.

Estatua de Cleopatra VII

Julio César

César era un general romano que acababa de derrotar a su predecesor, Pompeyo el Grande. Se creía que los dioses favorecían a César frente a Pompeyo porque su victoria fue inesperada: le superaban ampliamente en número en la batalla, pero *aun así ganó*. Pompeyo huyó a Egipto pensando que Ptolomeo XIII era un aliado y le ofrecería protección. En cambio, el joven faraón lo ejecutó a su llegada porque deseaba aliarse con César. Desgraciadamente para Ptolomeo XIII, César no estaba contento con esto y se hizo con el control del palacio.

Cleopatra creyó que César era su oportunidad para recuperar el poder, pero sabía que no podría entrar en Alejandría sin ser capturada por sus enemigos.

Así que ideó un ingenioso plan.

Se escondió dentro de una alfombra que fue entregada a César como regalo. César se enamoró inmediatamente de los encantos de Cleopatra y se convirtieron en amantes. Ptolomeo XIII se puso furioso y declaró la guerra al ejército de César. Cleopatra y César quedaron atrapados en el palacio durante seis meses hasta que llegaron las tropas romanas para derrotar a los egipcios. Ptolomeo XIII se ahogó en el Nilo cuando intentaba escapar.

Cleopatra gobernaría entonces Egipto y daría a luz a un hijo, Ptolomeo César (o Cesarión), con Julio César. Los dos siguieron siendo amantes, pero no se casaron, ya que César estaba casado con Calpurnia. La ley romana no permitía tener más de una esposa, y a muchos les molestó que César hablara abiertamente de su aventura. Cleopatra incluso se trasladó a Roma para vivir como su amante.

Cuando Julio César fue asesinado en el 44 a. C. Cleopatra regresó a Egipto, solo dos años después de haberse mudado a Roma. La mano derecha de César, Marco Antonio, y su sobrino nieto, Octavio, tomaron entonces el relevo e intentaron vengar a César. Antonio pasó a gobernar el este, que incluía Egipto, y Octavio gobernó el oeste.

Moneda romana con Marco Antonio en una cara y Octavio en la otra

Cleopatra fue convocada a reunirse con Marco Antonio al ser acusada de apoyar a sus enemigos. En su habitual estilo rebelde, Cleopatra retrasó su llegada y se presentó en una extravagante barcaza de oro vestida como la diosa *Afrodita*. Esto era para demostrar que seguía siendo la reina de Egipto, y que debía ser respetada. Afrodita era la diosa del amor, por lo que es probable que Cleopatra planeara seducir a Marco Antonio vistiéndose como ella.

Al igual que su amigo César, Marco Antonio cayó inmediatamente bajo el hechizo de Cleopatra y se convirtieron en amantes. Una vez más, Cleopatra no se casó con su amante, pues él ya estaba casado. Durante los siguientes diez años, continuaron su relación y tuvieron tres hijos. Finalmente, Antonio pudo divorciarse de su esposa y casarse legalmente con Cleopatra.

La relación de Antonio y Octavio se vio muy afectada por su aventura con Cleopatra. La esposa de Antonio era la hermana de Octavio, y este estaba indignado por el trato que Antonio le daba. Esto condujo a una guerra civil que Octavio acabó ganando, y que terminó con la *batalla de Accio* en el año 31 a. C.

Durante la guerra, a Marco Antonio le dijeron falsamente que Cleopatra había muerto. Estaba tan molesto que se apuñaló a sí mismo. Luego fue llevado ante Cleopatra *—que estaba muy viva—* y murió en sus brazos.

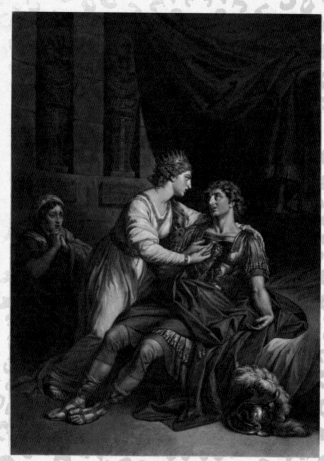

La muerte de Marco Antonio

Cleopatra se dio cuenta de que la lucha había terminado, y no podía manipular a Octavio como lo había hecho con César y Antonio. En lugar de rendirse como cautiva, decidió suicidarse dejando que una serpiente venenosa la mordiera. Cleopatra solo tenía 39 años cuando murió y había gobernado durante 22 años. Su hijo y heredero, Cesarión, fue asesinado, y sus tres hijos con Marco Antonio fueron llevados a Roma. Octavio se convirtió en el primer emperador de Roma en el 27 a. C. y adoptó el nuevo nombre de Augusto.

Dato curioso: El famoso dramaturgo William Shakespeare se interesó especialmente por esta época y escribió obras sobre Julio César y Antonio y Cleopatra. En su obra Romeo y Julieta, los personajes tienen el mismo final que la vida real de Antonio y Cleopatra. Romeo se suicida bebiendo veneno porque cree que Julieta ha muerto. Julieta se despierta y encuentra a Romeo muerto, por lo que se apuñala y se suicida.

Ahora que eres un experto en la cronología y los gobernantes del Antiguo Egipto, ¡descubramos más sobre sus fascinantes tradiciones!

Los antiguos egipcios creían firmemente en la vida después de la muerte. La idea principal de la vida después de la muerte era que uno sigue viviendo en el otro mundo. Los egipcios creían que para que tu alma, *ba*, se uniera a tu doble cuerpo, *ka*, en el más allá, necesitabas preservar tu cuerpo físico, *khat*, en esta vida. Para preservar el cuerpo, realizaban un complicado proceso llamado *embalsamamiento*. El embalsamamiento consiste en eliminar el agua del cuerpo, ya que esto retrasa el proceso de descomposición. Cubrían el cadáver con una sal natural llamada natrón, que ayudaba a secarlo. También extraían los órganos y los conservaban en frascos. El cuerpo se rellenaba con natrón y los embalsamadores lo llevaban al *ibw*, «lugar de purificación».

Dato curioso: Durante el embalsamamiento, el único órgano que *no quitaban* era el corazón, ya que creían que era el centro de la inteligencia. Pero el cerebro se desechaba por considerarlo inútil.

Después de dejarlo durante 70 días, el cuerpo estaría mucho más seco y listo para la momificación. La momificación tendría lugar en una sala llamada *per nefer*, que se traduce como «la casa de la belleza». A continuación, lo cubrirían con una loción especial y envolverían todo el cuerpo con capas de lino utilizando cola de resina para mantenerlo unido.

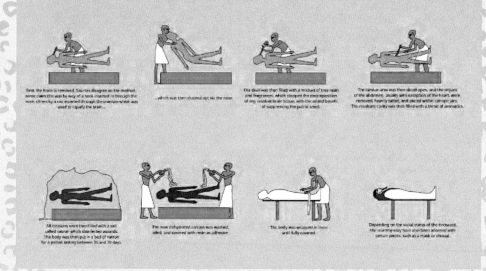

El proceso de momificación. Crédito: SimplisticReps, Wikimedia Commons
https://commons.wikimedia.org/wiki/File:Mummification_simple.png

El proceso de momificación de un cuerpo era muy importante, pero era extremadamente caro. Así que, al igual que ocurre con las funerarias actuales, había diferentes niveles que la familia podía comprar en función de lo que pudiera pagar. Solo los más ricos podían permitirse el embalsamamiento, los rituales y las tumbas.

Dato curioso: Se calcula que se hicieron 70 millones de momias en los 3.000 años de historia de Egipto.

Una vez que la momia estaba terminada, se colocaba en una sábana conocida como sudario y se ponía dentro de un ataúd de piedra llamado *sarcófago*. El sarcófago estaba decorado con imágenes de los dioses y contenía detalles de los logros de la persona en la vida y sus sueños para el más allá. A menudo, el sarcófago tenía una cara pintada. Curiosamente, la cara no siempre se parecía a la persona, sino que mostraba el dios en el que esperaba convertirse en la otra vida.

Un sarcófago

Para preparar a la persona para su viaje al más allá, los sacerdotes realizaban una ceremonia especial: *la apertura de la boca*. Se quemaba incienso y se tocaba el cuerpo con objetos rituales que, según se creía, le devolvían la capacidad de utilizar sus cinco sentidos: oír, saborear, ver, tocar y oler. También se *ungía* el cuerpo frotándolo con aceite y se decían algunos *conjuros* —palabras mágicas y hechizos. La ceremonia de apertura de la boca comenzó en la época de las pirámides y se realizaba originalmente en las estatuas de los reyes hasta que en el Reino Nuevo se empezó a realizar en las momias. Para la ceremonia se utilizaban herramientas especiales que parecían herramientas de escultor. Se llamaban *Setep, Adze y cuchillo Pesesh-kef*.

Una vez que la momia estaba terminada y colocada en su sarcófago, se sellaba dentro de la tumba, que actuaba como puerta de entrada al inframundo. Como hemos mencionado antes, se crearon diferentes tumbas para los reyes de Egipto. Primero fueron las mastabas, luego las pirámides; después de 1500 a. C., los faraones comenzaron a ser enterrados en tumbas situadas en el Valle de los Reyes.

La ceremonia de apertura de la boca

El Valle de los Reyes se encuentra en *Lúxor*, en Egipto. Más de 60 tumbas fueron talladas directamente en las paredes de roca del *valle*. Un valle es una zona de tierra más baja que el resto y que suele estar rodeada de colinas o montañas; imagínate un lago profundo sin agua. Antes del descubrimiento de la tumba de Tutankamón, se habían encontrado otras 62. Pero las 62 tumbas habían sido asaltadas por ladrones y no contenían nada parecido al tesoro encontrado en la del rey Tut. En 2005 se descubrió otra tumba oculta, por lo que es posible que haya aún más tumbas.

Dato curioso: En el interior de las tumbas hay ejemplos antiguos de grafitis de diferentes civilizaciones que las encontraron años después.

Para ayudar a los muertos a pasar a la otra vida, las momias solían ser enterradas con un *amuleto* de la suerte. El amuleto representaba un *escarabajo*. Los escarabajos (o escarabajos peloteros) se consideraban el amuleto ideal para el inframundo por dos razones. En primer lugar, la forma en que hacían rodar las bolas de estiércol se asociaba con el movimiento del sol a través del cielo. En segundo lugar, los egipcios creían que los escarabajos solo aparecían bajo tierra. Por lo tanto, se pensaba que tenían el poder de Ra y la *regeneración* o el renacimiento, dos cosas que serían increíblemente útiles en la otra vida.

Los amuletos de escarabajo se colocaban sobre el corazón de la momia dentro del sarcófago. En el escarabajo se grababa el nombre del muerto y parte de un conjuro del *Libro de los Muertos*.

El Libro de los Muertos era una serie de *conjuros* (cánticos) que ayudaban a las personas en la otra vida. Se escribían en jeroglíficos y se dibujaban en rollos de *papiro* o en las paredes de la tumba. Los hechizos describían lo que una persona debía esperar en la otra vida y cómo superar las pruebas para obtener la vida eterna.

Un amuleto escarabajo

El Libro de los Muertos se escribió por primera vez en el año 1600 a. C., pero es probable que los hechizos fueran mucho más antiguos y se transmitieran de boca en boca antes. No todos los Libros de los Muertos eran iguales. Los ricos podían contratar a un escriba para que creara hechizos específicos, o los más pobres podían obtener versiones preescritas y añadir sus nombres. Algunas personas no podían permitirse el lujo de que el Libro de los Muertos fuera enterrado con ellos.

Antes del Reino Nuevo, solo la realeza y los ricos y poderosos tenían un Libro de los Muertos. Durante el Reino Nuevo, el dios Osiris se hizo más conocido, y la gente común empezó a querer el libro en sus ritos funerarios.

Un entierro en El Libro de los Muertos egipcio: El libro de la salida del día por James Wasserman et al

Dato curioso: Algunos ejemplares del Libro de los Muertos medían más de 30 metros de largo.

El Libro de los Muertos constaba de al menos 190 capítulos. El capítulo 1 explicaba el entierro y el funeral. Otros capítulos contenían consejos sobre cómo superar los retos a los que se enfrentaría una persona al viajar por el inframundo, como un hechizo para combatir las serpientes o cómo encontrar agua potable. Algunos de los capítulos eran más útiles para cuando se vivía el más allá eterno. Por ejemplo, había un hechizo para no tener que trabajar en la otra vida. ¡Incluso había un hechizo si querías convertirte en un cocodrilo!

El más popular era el hechizo 125, y describía cómo podías pasar la ceremonia *de pesaje del corazón*. Antes de la ceremonia, había que viajar por el inframundo.

El viaje por el inframundo era difícil y peligroso. El inframundo estaba protegido por dragones que respiraban fuego, serpientes con cuchillos y reptiles de cinco cabezas. El reino de los muertos, conocido como el *duat*, estaba gobernado por el dios Osiris. Se creía que, cuando el sol se ponía cada día, Ra viajaba de este a oeste a través del duat, donde tenía que luchar contra *Apofis*, el dios del caos y enemigo de la luz y el ma'at. Solo derrotando a Apofis el sol volvería a salir y devolvería el orden a la Tierra.

Debido a su condición de reyes-dioses, los faraones se unirían a Ra en su viaje a través de duat cuando murieran. La gente común tendría que hacer el viaje sola. Si lograban atravesar los numerosos niveles y desafíos del inframundo, el difunto debía someterse a la ceremonia del pesaje del corazón.

Durante este ritual, 42 dioses escuchaban y juzgaban al muerto. A continuación, el dios *Anubis* pesaba el corazón de la persona con la pluma de ma'at. Si la persona era honorable y virtuosa, su corazón era igual a la pluma, y se le concedía la inmortalidad. Si no la superaba, su corazón era devorado por la diosa *Amemet*, y no obtendría la vida después de la muerte. Si un faraón superaba la prueba, se convertía en uno con Osiris y viajaba por el inframundo en una *barca solar*, un tipo de barco de madera utilizado por el dios del sol Ra. Llegaban al paraíso, conocido como el Campo de Cañas, y se les concedía la vida eterna. En el *Campo de Cañas* encontrarían todo lo que habían perdido o necesitarían para disfrutar de su inmortalidad.

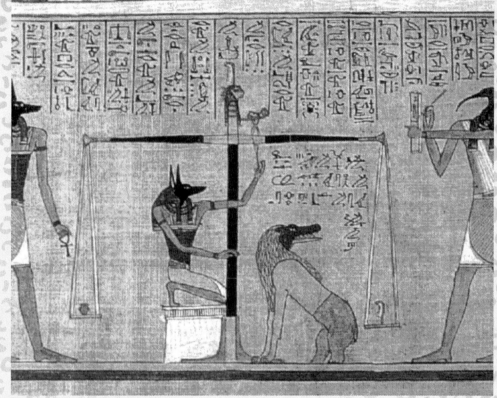
El pesaje del corazón

Tutankamón no es la única momia que se ha encontrado. Hay muchas otras momias que los arqueólogos han descubierto a lo largo de los años. Entre ellas están Ramsés II, Tutmosis III y Hatshepsut. Hatshepsut fue encontrada por la misma persona que descubrió a Tutankamón, Howard Carter. Curiosamente, la momia de Hatshepsut no se encontró dentro de su sarcófago. En su lugar, se encontró dentro de otra tumba junto a su nodriza (la mujer que la cuidó cuando era un bebé). Sorprendentemente, Carter determinó que la segunda momia era la reina desaparecida debido a un diente. El diente que le faltaba a la momia se encontró dentro del ataúd de Hatshepsut y tenía grabado su nombre. El diente encajaba perfectamente en el hueco de la momia, por lo que concluyeron que la momia misteriosa era la reina desaparecida.

En nuestro último capítulo, hablamos de la creencia de los egipcios en la vida después de la muerte y de algunos de los dioses relacionados con ella. En este capítulo, vamos a profundizar aún más en las religiones y los templos del Antiguo Egipto.

Ya hemos mencionado a lo largo de este libro que los egipcios eran politeístas y creían en múltiples dioses. ¡Había más de 2.000 deidades que adoraban! No vamos a enumerarlas todas, solo algunas de las más importantes. Ya has aprendido un poco sobre uno de los dioses egipcios más importantes de todos: Ra.

Ra.. Crédito Jeff Dahl, Wikimedia Commons https://commons.wikimedia.org/wiki/File :Re-Horakhty.svg

Ra era el dios del sol y el rey de todos los demás dioses. Se creía que era el creador del mundo. No solo controlaba el sol, sino que a veces se le consideraba el propio sol. Ra solía ser dibujado como un hombre con cabeza de halcón y un tocado de disco solar. Durante un tiempo, Ra se combinó con otro dios, *Amón*, para formar un dios aún más poderoso, Amón-Ra. Juntos representaban todo el poder del sol.

Antes de combinarse con Ra, Amón era un dios por derecho propio. Amón era el dios del aire, y su nombre significa «el invisible» o «el oculto». Amón se creó a sí mismo y creó todo lo demás en el universo. Cuando se fusionó con Ra, se convirtió en visible (el sol) e invisible (el viento). Los antiguos egipcios creían que esto era un símbolo de ma'at. Amón tenía muchas formas diferentes. Podía mostrarse como una serpiente, un carnero o un ganso. También podía ser dibujado como un hombre con cabeza de carnero, cocodrilo, mono, rana o cobra real. Algunos creen que cuando el rey Akenatón prohibió todos los demás dioses excepto el suyo, fue porque Amón le estaba influyendo. En aquella época, los sacerdotes que adoraban a Amón tenían más dinero y tierras que el propio faraón.

La diosa más popular era *Isis*, conocida como la diosa madre. Se la suele considerar la protectora de las mujeres y la diosa de la curación y la magia. Aunque ahora la conocemos por su nombre griego, Isis, los egipcios la llamaban *Aset*, que se traduce como «Reina del trono». Esto se debe a que era la madre de Horus. El faraón era visto como la encarnación viviente de Horus, así que Isis era la madre del faraón.

Amón. Crédito: Jeff Dahl, Wikimedia Commons https://commons.wikimedia.org/wiki/File:Amun.svg

Isis

Isis era tan popular que era la única deidad adorada por todos en el país. Isis fue adorada durante miles de años. Con el tiempo, su papel empezó a cambiar; se convirtió en la Reina del Universo y simbolizaba el orden cósmico. En la época romana también se decía que controlaba el destino. Isis se representa como una mujer con un tocado en forma de trono.

En el último capítulo ya hemos mencionado a Osiris, el marido y hermano de Isis.

Originalmente, Osiris era el dios de la Tierra, y bajo su gobierno, Egipto era un paraíso donde todos eran iguales. Su hermano, *Set*, estaba celoso de su éxito y planeaba derrocarlo.

En una de las versiones de la historia, Set organizó una gran fiesta en la que mandó hacer un hermoso ataúd a la medida de Osiris. En la fiesta, dijo que quien mejor cupiera en su interior podría quedarse con el ataúd. Sin embargo, cuando Osiris se acostó en él, ¡Set lo atrapó dentro y arrojó el ataúd al Nilo! El ataúd fue arrastrado hacia el mar y acabó atascado en un árbol. El árbol creció alrededor del ataúd, atrapando a Osiris dentro hasta que murió.

La otra versión de la historia es que Set descuartizó a su hermano y esparció sus restos por todo Egipto. En ambas historias, Isis busca a su marido y, utilizando sus poderes mágicos, le devuelve la vida el tiempo suficiente para que conciban a su hijo. Tras el nacimiento de Horus, Osiris pudo pasar a la otra vida, donde se convirtió en el gobernante del inframundo.

Osiris se mostraba a menudo como una momia. Cuando los faraones eran momificados, querían parecerse más a él. Incluso antes de la muerte, los faraones trataban de parecerse a Osiris. El mayal y el bastón de pastor que sostenían los faraones eran originalmente símbolos de Osiris. El mayal simbolizaba la fertilidad de la tierra, mientras que el bastón demostraba autoridad. Osiris también estableció el concepto de ma'at, que los faraones serían responsables de mantener durante su gobierno.

El Ojo de Horus

El hijo de Osiris e Isis, Horus, era otro dios muy importante porque se decía que el faraón era la encarnación viva de él. Horus era un hombre con cabeza de halcón. Era el enemigo de Set y acabaría vengando a su padre y ganando la corona al derrotarlo. Durante la batalla con Set, el ojo de Horus fue cortado en seis pedazos. Cuando el dios *Thoth* lo restauró, se le conoció como «el Ojo de Horus» y representaba los seis sentidos (creían que el pensamiento era un sentido, al igual que la vista, el olfato, el tacto, el oído y el gusto). El Ojo de Horus representaba el bienestar, la curación y la protección. Horus le dio el ojo a su padre, y su poder mantuvo a Osiris vivo en la otra vida. Por ello, el símbolo del ojo se utilizaba a menudo en los funerales.

Horus era un poderoso dios del cielo que estaba asociado con la luna. Debido a su éxito contra Set, se le rezaba antes y se le agradecía después de las batallas. También era el defensor del orden, el vengador de los males y el protector de los reyes.

Horus estaba casado con la diosa Hathor. Hathor era la diosa de muchas cosas, como el amor, la belleza, la fertilidad, el placer, la música y la danza. Era la protectora de las mujeres, pero los hombres también la adoraban. A veces se la consideraba la madre del faraón y se la asociaba con su esposa. Como diosa de la belleza, el uso de cosméticos (maquillaje para las mujeres) era una forma de adoración a ella.

Osiris, Anubis y Horus https://en.wikipedia.org/wiki/Ancient_Egyptian_deities#/media/File:La_Tombe_de_Horemheb_cropped.jpg

Vamos a aprender sobre el siguiente dios, pero ya lo hemos mencionado debido a su implicación con el más allá.

Anubis es el dios de la momificación y del más allá. Sabemos que Anubis también tenía un papel importante durante la ceremonia del pesaje del corazón. Anubis aparece con la cabeza de un *chacal*, una especie de perro salvaje que se encuentra en Egipto. Se cree que Anubis se convirtió en un dios debido a que los chacales salvajes desenterraban las tumbas. Los egipcios creían que un dios canino poderoso ayudaría a proteger a los muertos de los perros. Aunque los chacales no son negros, Anubis se muestra en este color porque simboliza la muerte y la descomposición del cuerpo. El negro también simbolizaba el renacimiento, ya que era el color de la tierra del Nilo.

Set era el dios del caos, la guerra y las tormentas. Su nombre suele traducirse como «instigador de la confusión» o simplemente «destructor». Se le suele mostrar como una bestia roja con pezuñas hendidas y cola bifurcada, algo que sorprendentemente se parece a las representaciones modernas del diablo. Sin embargo, no siempre se le consideró el villano. Tras convertirse en el primer asesino, matando a su hermano Osiris, dejó de ser considerado un héroe.

Thoth

Set estaba casado con la diosa *Neftis*. Neftis era la diosa del aire, la «dueña de la casa» y la cabeza de la familia. En algunas leyendas, Neftis era *infértil*: no podía tener hijos. Por ello, se la asociaba a menudo con los buitres (que los egipcios creían que no podían tener hijos) y con el luto. Neftis también ayudó a su hermana Isis a encontrar y resucitar a Osiris después de que Set lo matara. Neftis tenía un aspecto muy similar al de Isis, aparte de su tocado, que era una cesta.

Otro dios importante para los egipcios era el dios de la escritura y la sabiduría, Thoth. Thoth fue creado a partir de la semilla de Horus y la frente de Set. Al ser creado a partir de los dioses del orden y del caos, Thoth se convirtió en el dios del *equilibrio* (balance). Por ello, se le asoció con el concepto de ma'at, y la diosa que lo representaba era su esposa.

Thoth era el dios patrón de los escribas (los que escribían cosas), que vertían una gota de su tinta para él antes de empezar a escribir. A menudo se le muestra como un hombre con cabeza de *ibis*, un ave sagrada asociada a la sabiduría. También se le representa a veces como un babuino.

El siguiente dios de este capítulo es *Ptah*. Ptah era tan importante que la parte final del nombre de Egipto proviene de él. Ptah está vinculado a la ciudad de Menfis, que originalmente se llamaba «templo del alma de Ptah». Ptah era el dios que creó a todos los demás dioses. Era adorado como el dios de los arquitectos y los artesanos. El famoso arquitecto Imhotep, que ayudó a inventar la primera pirámide, afirmaba que era hijo de Ptah.

Los templos se construyeron en el Antiguo Egipto como casas para los dioses y lugares para adorarlos. Con tantos dioses, no es de extrañar que se construyeran muchos templos. Había dos tipos de templos en Egipto. Los *templos de culto* se construían en honor a un dios o dioses específicos. Los *templos mortuorios* se creaban para adorar a los faraones muertos.

Los sacerdotes y las sacerdotisas dirigían los templos, y el faraón nombraba a un *Sumo Sacerdote* para que estuviera a cargo. Los ricos y poderosos a menudo querían ser sacerdotes, ya que era un trabajo muy respetado.

Para servir a los dioses, los sacerdotes debían ser puros, por lo que se lavaban dos veces al día, se afeitaban la cabeza y vestían ropas muy limpias hechas de lino y pieles de leopardo.

Templo de Karnak

Cada año se celebraban muchos festivales para festejar a los dioses. Estos festivales estaban abiertos a todo el mundo, y a veces había una gran procesión en la que un dios visitaba el templo de otro. Por ejemplo, había un festival que reunía a Hathor con su marido, Horus. Para ello, una estatua de ella viajaba en barco para visitar su templo. Además de los grandes festivales, en los templos se realizaban ofrendas y cultos diarios. Las ofrendas solían ser comida y bebida; dependiendo del dios, podía haber otras ofrendas, como cosméticos para Hathor. Los complejos de los templos se convirtieron en centros económicos y proporcionaron miles de puestos de trabajo.

Templo de Karnak

El mayor templo del Antiguo Egipto era el de *Karnak*, situado en Tebas. Comenzó a construirse en el 3200 a. C. por Sesostris I, pero otros faraones siguieron ampliándolo durante 3.000 años. Más de 30 faraones diferentes ampliarían el templo. El templo de Karnak se construyó para albergar al dios Amón y a su esposa e hijo. Dentro del templo se encuentra la *Sala Hipóstila*. La sala tiene 15240 metros cuadrados y contiene 134 columnas de piedra, ¡todas de 21 metros de altura!

El obelisco y las estatuas del templo de Lúxor. Crédito: Ad Meskens, Wikimedia Commons
https://commons.wikimedia.org/wiki/File:Pylons_and_obelisk_Luxor_temple.JPG

A solo una milla y media al sur de Karnak, otro templo en Lúxor también está dedicado a Amón y su familia. Todos los años se celebra el *Festival de Opet*. Durante este festejo, la estatua de Amón era llevada entre los dos templos. En el templo de Lúxor se encuentra la Avenida de las Esfinges. También alberga grandes estatuas de Ramsés II y *un obelisco* de 24 metros de altura. Un obelisco es un monumento alto y rectangular que se vuelve puntiagudo en la parte superior. Los egipcios los llamaban *tekhenu*, que se traduce como «atravesar el cielo». A menudo, se colocaban en parejas a la entrada del templo. Este era el caso original del templo de Lúxor, pero el segundo obelisco fue retirado y ahora se encuentra en París.

Situados en una isla del Nilo se encuentran los *templos de Philae*. El templo más famoso es el que rinde homenaje a Isis, su marido Osiris y su hijo Horus. Fue construido durante el Período Ptolemaico por Ptolomeo II. En la década de 1960, el templo corría el riesgo de perderse debido a las inundaciones, por lo que fue cuidadosamente trasladado a la cercana isla de *Agilka*, donde todavía se encuentra. El templo fue el último que se construyó en estilo egipcio clásico.sona. Según el mito, ¡ni siquiera los pájaros y los peces se acercaban a la isla!

El templo de Philae

La isla de Philae (Filé) fue elegida para albergar el templo de Isis, ya que supuestamente era uno de los lugares donde se escondían las partes del cuerpo de Osiris en la leyenda. Solo los sacerdotes podían vivir allí, y era «inaccesible» para cualquier otra persona. Según el mito, ¡ni siquiera los pájaros y los peces se acercaban a la isla!

Un famoso templo mortuorio es el de *Abu Simbel*. Ramsés II lo construyó para honrarse a sí mismo y a su esposa. Al igual que el templo de Philae, Abu Simbel también fue reubicado en la década de 1960 debido a las inundaciones. Los dos templos de Abu Simbel fueron tallados en roca sólida. Uno de los templos tiene 30 metros de altura, con dos gigantescas estatuas del faraón de 20 metros que custodian la entrada.

Templo de Ramsés II en Abu Simbel, Egipto

Otro templo mortuorio especialmente impresionante es el Templo de *Hatshepsut*. Construido durante el reinado de la reina Hatshepsut, el templo es una obra maestra de la arquitectura del Antiguo Egipto. Cuenta con tres enormes terrazas que se adentran en los acantilados de *Deir el-Bahari*, un complejo de templos mortuorios y tumbas. El templo está situado en la orilla occidental del Nilo, frente a Lúxor.

El último templo mortuorio que descubriremos es el Templo de Seti I, también conocido como el *Gran Templo de Abidos*. Como se puede adivinar por su nombre, se encuentra en Abidos. Si lo recuerdas, Abidos es uno de los principales lugares históricos de Egipto. En años posteriores, Abidos se convirtió en un lugar de peregrinación donde la gente iba a adorar a Osiris. También adoraban a los faraones deificados aquí. En la parte posterior del templo hay otro tipo de edificio sagrado conocido como *osirio*. El templo estaba allí para adorar a Seti I (el padre de Ramsés el Grande) y a seis dioses diferentes: Osiris, Isis, Horus, Ptah, Amón y Ra-Horakhty. El templo en sí está construido en forma de «L» y tiene diferentes capillas para cada dios.

En el pasillo, Seti talló los nombres de los reyes más importantes. Curiosamente, Hatshepsut, Akenatón y Tutankamón no entraron en su lista de 76 reyes, probablemente porque Hatshepsut era una mujer y por las numerosas y controvertidas reformas religiosas de Akenatón. El rey Tut quizás fue considerado indigno solo por su padre.

Por último, además de dioses y faraones, los antiguos egipcios adoraban a algunos animales. De todos los animales, se creía que los gatos eran los más mágicos. Se creía que, si uno tenía un gato, este le traería buena suerte. Los dueños alimentaban a sus gatos con la mejor comida y los vestían con joyas. Incluso se momificaba a los gatos cuando morían. Si matabas a un gato, aunque fuera por error, te condenaban a muerte.

Por último, conozcamos un poco más sobre cómo era la vida en el Antiguo Egipto. Para los egipcios era muy importante tener un buen aspecto. Esto significaba que estaban muy limpios y se lavaban todos los días. También les gustaba llevar muchas joyas. Los más pobres llevaban joyas de metal más barato, como el cobre, mientras que los ricos llevaban oro y plata. El uso de maquillaje era una parte importante del culto a Hathor, por lo que lo llevaban a menudo.

Tanto los hombres como las mujeres se maquillaban, sobre todo, con lápiz de ojos. Su ropa estaba hecha de lino blanco, un tejido ligero que los mantenía frescos en el clima cálido. La ropa se confeccionaba enrollando el material alrededor del cuerpo y atándolo con un cinturón. Las mujeres llevaban vestidos hasta el suelo y los hombres una especie de falda. Los niños iban completamente desnudos hasta los seis años.

Dato curioso: El faraón iba bien afeitado, pero llevaba una barba postiza, ¡incluso la reina Hatshepsut llevaba una!

Ya hemos hablado de que ser sacerdote o sacerdotisa era un trabajo deseable. Pero había muchos otros trabajos entre los que elegir. Otro trabajo importante y respetado era el de escriba. Los escribas eran los únicos que sabían leer y escribir, por lo que se encargaban de documentar la vida egipcia. Se necesitaba mucho tiempo y dinero para aprender jeroglíficos, por lo que normalmente era un trabajo para el que solo los ricos podían formarse.

Si no se tenía la suerte de nacer en una familia rica, se podía mejorar la posición en la sociedad haciéndose soldado. También había muchos trabajos de creación de cosas. Podías ayudar a construir uno de los muchos monumentos, trabajar como alfarero o carpintero, o fabricar ropa y joyas.

Otro trabajo popular entre la clase baja era el de agricultor. Después de todo, ¡la gente siempre necesita comer! Los egipcios más pobres comían mucho pan. El pan no era como el que comemos hoy en día; era tan áspero que podía desgastar los dientes. Si te lo podías permitir, eran populares la fruta, las verduras y el cordero. La bebida principal era la cerveza de cebada. Todos los cultivos se hacían en las orillas del río Nilo, ya que su suelo era perfecto para ello. La tierra era tan fértil que una buena cosecha producía suficiente comida para alimentar a todo el mundo durante un año con las sobras. Los alimentos sobrantes solían guardarse para las temporadas malas en las que el Nilo no se inundaba y los cultivos no podían crecer.

Los egipcios utilizaban arados para remover la tierra y prepararla para la siembra. Los bueyes tiraban del arado (un buey es como una vaca grande con cuernos). Una vez que el campo estaba arado, utilizaban una herramienta de madera llamada *azada* para romper aún más la tierra. Arar era una tarea larga y difícil que podía llevar todo el día. Después de esto, la tierra estaba lista para plantar las semillas. A continuación, se paseaban los animales por el campo y se utilizaban azadas para cubrir las semillas. Tenían que asegurarse de que los campos tuvieran suficiente agua para que las plantas crecieran, por lo que utilizaban sistemas de riego.

Un agricultor utilizando un arado tirado por dos bueyes

El pueblo egipcio era mayoritariamente vegetariano, ya que no tenían frigoríficos, por lo que no podían evitar que la carne se pudriera rápidamente. Solo los ricos comían carne y, por lo general, lo hacían en ocasiones especiales, como los festivales. Sin embargo, los pobres comían mucho pescado. A la clase alta no le gustaba comer pescado, ya que se consideraba impuro. Los sacerdotes tenían prohibido comerlo.

El Nilo no solo era importante para la agricultura. También era el medio de transporte de los egipcios. Las primeras embarcaciones que se construyeron estaban hechas de plantas de papiro; ¡en realidad eran papel duro pegado! Eran largos y finos, y se utilizaban para viajes cortos y para pescar.

Vista del río Nilo desde el espacio

Al cabo de un tiempo, empezaron a utilizar la madera para hacer sus barcos. Los barcos de madera no se unían con clavos, sino que las tablas se ataban con cuerdas. La madera que utilizaban era *acacia* de Egipto y *cedro* del

Líbano. En el centro de la embarcación, ponían una gran vela para atrapar el viento y hacer que se movieran más rápido. El Nilo era perfecto para navegar, ya que fluía hacia el norte, pero el viento soplaba hacia el sur, así que podían utilizar la corriente o el viento para ir en cualquier dirección.

Los barcos eran vitales para ayudar a construir las pirámides. Tenían que ser muy resistentes, ya que a menudo podían transportar hasta 500 toneladas de piedras. Los barcos también desempeñaban un papel importante en la religión, ya que se creía que había que viajar por el inframundo en barco. Por ello, a menudo se enterraba un modelo de barco con las momias. Algunos faraones incluso tenían barcos de tamaño real en sus tumbas.

El Nilo desempeñaba incluso un papel importante en las actividades de ocio de los egipcios. La mayoría de los egipcios eran excelentes nadadores y disfrutaban practicando deportes acuáticos en el río. Otros deportes estaban destinados a preparar a los jóvenes para convertirse en soldados. El tiro con arco, la lucha y las carreras de carros eran deportes populares. A los egipcios también les gustaba divertirse. Incluso cazaban animales peligrosos como hipopótamos y leones.

También disfrutaban de otras actividades menos peligrosas. Les gustaban especialmente los juegos de mesa. Los más populares se llamaban *senet y mehen*. Los historiadores no están del todo seguros de cómo se jugaba, pero se cree que el senet era como el backgammon actual. El mehen también se conoce como «*el juego de la serpiente*» porque su tablero representa una serpiente enroscada. El senet era tan popular que muchos faraones eran enterrados con uno para jugar en la otra vida.

Por último, a los antiguos egipcios les encantaba contar historias. Solo los escribas sabían leer o escribir. Por eso, la mayoría de las historias eran habladas y se transmitían a los hijos y nietos.

Como sabemos, los antiguos egipcios utilizaban *jeroglíficos*. Los jeroglíficos no solo se utilizaban para escribir en las tumbas. También se utilizaban para los negocios, la ciencia, la religión y la literatura. Además de escribir en las paredes y en la cerámica, los egipcios fabricaban papel de papiro y escribían en él. Durante años no entendimos lo que decían los jeroglíficos. Solo cuando se descubrió la *piedra de Rosetta* en 1799, los historiadores pudieron por fin leerlos.

La piedra de Rosetta

La piedra fue encontrada accidentalmente por soldados del ejército de Napoleón Bonaparte cuando excavaban los cimientos de un fuerte cerca del delta del Nilo. Cuando Napoleón fue derrotado, la piedra pasó a ser propiedad de los británicos, y hoy en día sigue guardada en Londres, Inglaterra.

La piedra de Rosetta fue tan útil para comprender finalmente los jeroglíficos porque estaba escrita en tres idiomas. Además de los jeroglíficos, también están el griego antiguo y el *demótico*, la lengua común y cotidiana de los egipcios. Los historiadores aún podían entender el griego antiguo, y por eso podían traducir los jeroglíficos. La propia piedra era un título real sobre el faraón Ptolomeo V.

Jeroglíficos. Crédito: Clio20 Wikimedia Commons
https://commons.wikimedia.org/wiki/File:Minnakht_01.JPG

Los jeroglíficos pueden escribirse en líneas horizontales o columnas y suelen leerse de izquierda a derecha o de arriba abajo. Puedes saber en qué dirección leer basándote en los símbolos: sea cual sea la dirección en la que estén orientados los símbolos humanos o animales, debes leer en esa dirección.

CONCLUSIÓN

No importa qué parte de la vida egipcia mires, ¡hay cosas interesantes que aprender! Desde la vida cotidiana hasta la religión y la muerte, todo lo que hacían (y creían) se basaba en coloridas historias transmitidas por generaciones. Lo que es aún más sorprendente es la cantidad de artefactos (desde la cerámica hasta las pirámides enteras) que todavía se exhiben hoy en día. Seguimos intentando averiguar cómo se llevaban esas enormes piedras a la cima de las pirámides.

Esperamos que hayas disfrutado de este viaje al pasado lejano. ¡Quizá algún día puedas ver el cuerpo momificado de un faraón o viajar a la Esfinge o a la pirámide de Giza!

BIBLIOGRAFÍA

Esperamos que te haya gustado aprender todo sobre el Antiguo Egipto.

¿Quieres saber más?

Consulta algunos de estos magníficos sitios web:

www.natgeokids.com

www.kids.nationalgeographic.com

www.worldhistory.org

www.egyptianmuseum.org

www.smarthistory.org

www.ducksters.com

www.historyforkids.net

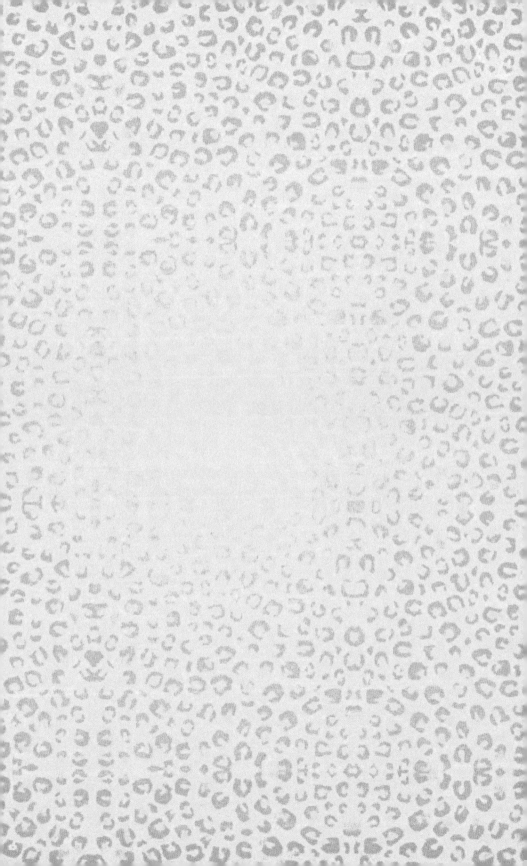

Made in the USA
Las Vegas, NV
30 April 2023

71316811R00048